AF279365

Mi familia
multicultural
Amanda B. Bradbury
ilustrado por
Carpetaink

¡Hola!
Soy Tao Lee.

Para Robin
de los Bosques.

Título original: Mi familia multicultural
Autora: Amanda B. Bradbury
Diseño e ilustración: Carpetaink
Publicado por Editorial Gusanillo 2025
Redes sociales de la editorial: @editorialgusanillo
Página web de la editorial: www.editorialgusanillo.es
Impreso y encuadernado en España
Código de Depósito Legal: V-2810-2025
ISBN: 979-13-87530-47-1

Mi perro Shiba también os saluda.

Esta es Elsa, mi
hermana pequeña.

Ella se parece a papá y yo a mamá.
¡Pero entre nosotros nos parecemos
mucho!

Mis amigos dicen que en mi familia estamos locos... Porque todo lo hacemos de dos maneras diferentes. Cuando entro en casa siempre digo **"NI HAO"**. En cambio, cuando me voy siempre digo **"ADIÓS"**.

¡ADIÓS!

En casa ¿con o sin zapatos? En nuestra casa y en la de los abuelos Lee nos los quitamos...

En casa de la familia de mamá,
se pasean con ellos.

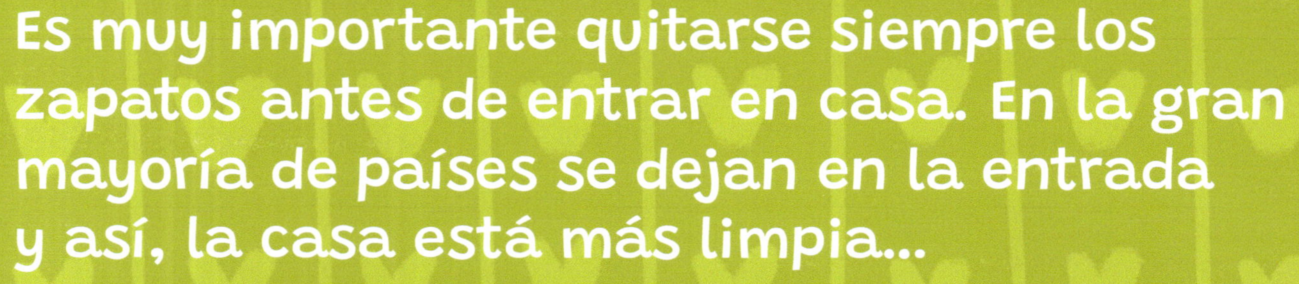

Es muy importante quitarse siempre los zapatos antes de entrar en casa. En la gran mayoría de países se dejan en la entrada y así, la casa está más limpia...

¡Esperemos que no te huelan los pies!

Cuando mamá cocina, suele preparar
uno o dos platos muy grandes...
Y el pan, no falta nunca en la mesa.

Si papá es el chef, ese día inunda la mesa de platitos y el arroz siempre está presente. Eso sí... ¡Los dos nos quieren hacer comer hasta reventar!

En Asia, la mesa está llena de platitos para compartir, aunque cada uno tiene un bol de pasta o arroz propio. Las verduras fritas, el pollo o las sopas son los platos más típicos que verás.

SOJA
SOPAS
POLLO

En la mesa tampoco pueden faltar palillos y cubiertos. Comer con tenedor se me da bien, pero nada comparado a mi habilidad con los palillos.

¡Como fideos incluso más rápido que papá!

Los palillos no son iguales en todos los países de Asia. En China, los palillos son más largos al comer más comida frita. Así evitan quemarse o mancharse.

En Japón tienen por costumbre el arroz menos pegajoso, por eso los palillos son más cortos y se llevan el bol a la boca.

En Corea usan palillos metálicos...
¡Y cuchara! Pensaban que al ser metálicos, les ayudarían a saber si había veneno en la comida.

¿Y por qué celebrar el fin de año solo una vez? ¡Y cada uno de manera diferente! El año nuevo va ligado al ciclo de la Luna, por lo que cada año, es un día diferente.

Además, cada año viene representado por un animal distinto. Hay doce en total. El mejor año de todos es el del perro.

Cuando me toca hacer los deberes de caligrafía también hago dos diferentes.

Uno lo hago así.

El otro lo hago asá.

Si te parece complicado hacer tus deberes de caligrafía... verás qué pasa en Asia. ¡Hay países con un sistema de escritura del todo diferente!

**Veamos cómo se escribe
"La luna es bonita" en diferentes países:**

Mongolia → Гоё сар байна

Corea → 달이 아름다워요

China → 月亮很美

Japón → 月が綺麗です

Incluso para mi cumpleaños, mi familia lo celebra de dos maneras. Unos cantan en castellano y otros en mandarín. ¡Cumpleaños feliz es la canción más popular del mundo! Corea, Tailandia, Taiwán... ¡No hay país que no la cante en su lengua!

Hacer las cosas de dos maneras a veces puede parecer una locura... pero es el doble de guay.